东巴象形文字

新茶百戏字典

李瑜 编著

中山大學出版社
SUN YAT-SEN UNIVERSITY PRESS

·广州·

版权所有 翻印必究

图书在版编目（CIP）数据

东巴象形文字新茶百戏字典/李瑜编著. —广州：中山大学出版社，
2023.8
（中华非遗书系）
ISBN 978-7-306-07858-2

Ⅰ.①东… Ⅱ.①李… Ⅲ.①东巴文—研究 Ⅳ.①H257

中国国家版本馆CIP数据核字（2023）第135294号

DONGBA XIANGXING WENZI XIN CHABAIXI ZIDIAN

出 版 人：王天琪
策划编辑：王延红
责任编辑：陈 芳
封面设计：周美玲
责任校对：周昌华
责任技编：靳晓虹
出版发行：中山大学出版社
电 话：编辑部 020-84110283，84113349，84111997，84110779
　　　　 发行部 020-84111998，84111981，84111160
地 址：广州市新港西路135号
邮 编：510275 传 真：020-84036565
网 址：http://www.zsup.com.cn E-mail：zdcbs@mail.sysu.edu.cn
印 刷 者：广东虎彩云印刷有限公司
规 格：787mm×1092mm 1/16 14印张 195千字
版次印次：2023年8月第1版 2023年8月第1次印刷
定 价：78.00元

男子锻造金太阳，女子编织银月亮。

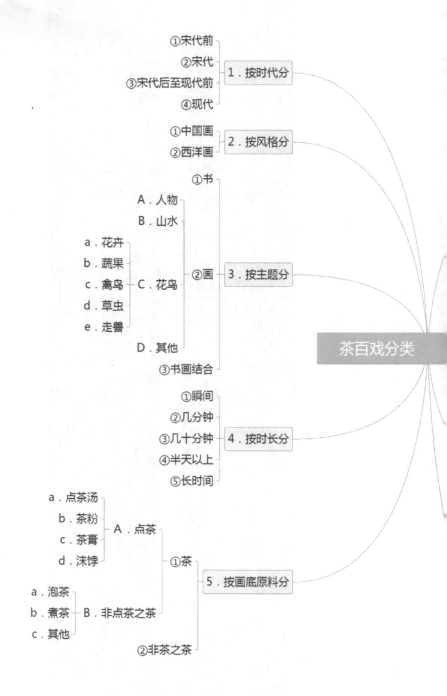

①宋代前
②宋代
③宋代后至现代前
④现代
1．按时代分

①中国画
②西洋画
2．按风格分

①书

A．人物
B．山水

a．花卉
b．蔬果
c．禽鸟
d．草虫
e．走兽
C．花鸟

D．其他
②画

③书画结合
3．按主题分

①瞬间
②几分钟
③几十分钟
④半天以上
⑤长时间
4．按时长分

茶百戏分类

a．点茶汤
b．茶粉
c．茶膏
d．沫饽
A．点茶

①茶

a．泡茶
b．煮茶
c．其他
B．非点茶之茶

②非茶之茶
5．按画底原料分

◈ 宋联可制定的茶百戏分类编码 ◈

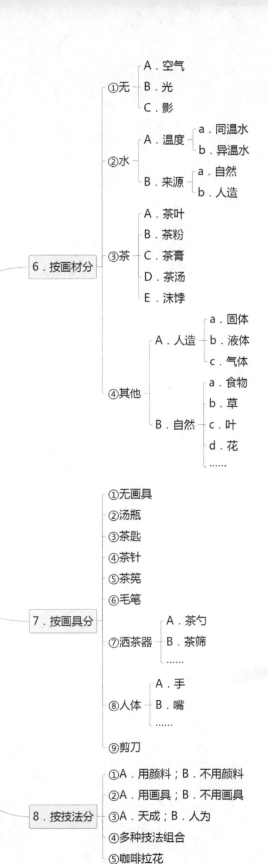

6. 按画材分

① 无
- A . 空气
- B . 光
- C . 影

② 水
- A . 温度
  - a . 同温水
  - b . 异温水
- B . 来源
  - a . 自然
  - b . 人造

③ 茶
- A . 茶叶
- B . 茶粉
- C . 茶膏
- D . 茶汤
- E . 沫饽

④ 其他
- A . 人造
  - a . 固体
  - b . 液体
  - c . 气体
- B . 自然
  - a . 食物
  - b . 草
  - c . 叶
  - d . 花
  - ……

7. 按画具分

① 无画具
② 汤瓶
③ 茶匙
④ 茶针
⑤ 茶筅
⑥ 毛笔
⑦ 洒茶器
- A . 茶勺
- B . 茶筛
- ……

⑧ 人体
- A . 手
- B . 嘴
- ……

⑨ 剪刀

8. 按技法分

① A . 用颜料；B . 不用颜料
② A . 用画具；B . 不用画具
③ A . 天成；B . 人为
④ 多种技法组合
⑤ 咖啡拉花

序

壬寅年末，我终于有时间为这本书写点什么。关注这本书已有一年之久，却迟迟未动笔，着实忙碌，而且这个主题真的让我难以动笔。

作为第二十代宋宗点茶传承人，为了实现先父遗愿，我一直致力于弘扬点茶文化。2019年，我带领团队申请将"宋代点茶"列入非物质文化遗产名录，此后点茶在中华大地逐渐复兴，每年一个台阶，发展之快令人始料未及。2019年，我作为中华点茶传承师受到联合国前秘书长、博鳌亚洲论坛理事长潘基文接见，为德国前总统、全球中小企业联盟主席克里斯蒂安·武尔夫展演点茶。于是，点茶在国际舞台崭露头角，在国内也开始受到关注。2020年，宋代点茶走向全国。然而，受新冠疫情的影响，我不得不开启线上直播、线上授课，这让我与全国各地的点茶爱好者结缘。因为网络的精准推送，学员的热忱度、专业度相当高，我们培养了一批非常专业与优秀的点茶人，其中不少人都已成长为如今点茶界的重要代表人物，为弘扬点茶文化做出了重要贡献，包括本书的作者李瑜（字号"茶瑜"）老师。也许有人会质疑，才短短几年，能有多资深？是的，任何领域都应倾注一生去探寻，点茶亦是。然而，点茶这几年的飞速发展，从鲜有人知到众人知晓，当年学习点茶并持续弘扬点茶文化的人，相对于大众可谓资深，不过未来仍需不断刻苦钻研、勤奋练习。2020年，非遗宋代点茶在全国40个城市设立了驿站，如今已有上百个城市参与传承。2021年，规范传承，全国逐渐兴起点茶，点茶向专业化、正规化方向发展，我着手撰写《点茶技能等级评价标准》与《点茶师培训教材》，江苏大学开办了全国第一个点茶师职业技能培训班，第五届全国茶业职业技能竞赛将点茶列为必赛项目……从标准、教材、培训、比赛等方面，点茶朝着规范化方向发展。2022年，点茶复兴：央视一套的视频号在国际茶日发布我指导入室弟子雅怡在《古韵新声》中表演点茶的视频，央视三套《一馔千年》美食节目为第一位食客奉上的宋代点茶是我和记名弟子人意在现场制作的点茶，热播的电视剧《梦华录》中的点茶被高度关注……

短短几年时间，点茶从无人问津到成为茶圈风尚，真是太快了。这对我们传承者来说是幸事，但也出现了鱼目混珠、良莠不齐的情况。我们一直期待华人携手弘扬点茶文化，也一直鼓励技法与作品百花齐放，但把非点茶当点茶、把创新当古法都是误导，更不能因为有一定影响力而打压有热情的尝试者。2022年，我在百忙之中还是在短视频平台上线了"茶百戏"录播课程，就是为了让更多人知道茶百戏，让更多人敢于、乐于玩茶百戏。现在有的人一谈到茶百戏，立即就去对照陶谷《荈茗录》中的描述，用一本书中的寥寥数语去定义一个时代的茶百戏，甚至是代表整个茶百戏技艺，这是只知其一，不知其二。第一，词义是发展的，今天使用的词大多有了更多的词义或新的词义，"茶百戏"一词已有一千多年的历史，现代人都已玩得花样百出，我们能确定特别会玩的宋人就没有对其进行改变、创作？第二，有大量的诗词都提到了在茶汤上"游戏""创作"，表明茶百戏在古代就已有了多种玩法。第三，"近世下汤运匕，别施妙诀，使汤纹水脉成物象者，禽兽虫鱼花草之属，纤巧如画，但须臾即就散灭。此茶之变也，时人谓之茶百戏"，没有视频，没有画面，仅仅凭几十个字就判定一个技艺"是怎样"的，是非常不科学、不严谨的，这段文字其实还有很多内容是没有被证实或被正确解读的。第四，当前呈现的茶百戏已是多姿多彩，我们应该承认现代人的创作与贡献，文明不应倒退，应承认现代的成果，鼓励现代人继续钻研、练习、创作，让一个古老的技艺焕发新的活力。

传承技艺的人中少有研究学者，茶瑜老师是我见过为数不多传承点茶技艺的研究人员。她多次发文稿请教，乐于参与研究，其论文还数次在宋茶文化征文大赛中获奖，如今她仰屋著书，我为点茶界有这样的学者感到欣喜。除了笔耕，茶瑜老师还是实实在在的践行者，她发第一个书写东巴象形文字的作品时，我便感到极其可贵。东巴象形文字是原始文字的"活化石"，如果能坚持创作，成一本"字典"，这对东巴象形文字的传承与点茶来说都意义重大。茶瑜老师真的就开始坚持创作，这个过程一定是艰辛的，对她而言是一次巨大考验。有一个想法不稀奇，但把一个想法日复一日地实践，就非常了不起！《东巴象形文字新茶百戏字典》这本书，不仅对文字、对技艺、对文化传承非常有意义，还能让我们看到一个有信仰的点茶人的坚持！

希望未来千千万万个点茶人向茶瑜老师学习"坚持"，让我们共同携手，早日实现点茶人的使命——让点茶成为令世界尊敬的中华茶道！

江苏省镇江市易水小院

壬寅年腊月廿七（2023年1月18日）

目
contents
录

第二部分
东巴象形文字点茶图录

第三部分
附录

综述

第一部分

传承视域下
新茶百戏与东巴象形文字的交互研究

党的十九大报告提出，文化是一个国家、一个民族的灵魂。传承民族优秀传统文化，延续中华民族传统文化的香火，既是推动社会主义文化繁荣发展的必然要求，又是促进民族团结和社会稳定的重要举措。中华上下五千年的民族文化之河延绵不绝，润泽着世世代代的中华儿女。民族文化是时代前进的方向标，引领着整个民族的精神风气，彰显着整个民族的精神面貌。东巴象形文字、点茶、茶百戏都是我们的文化瑰宝，是人类文明的结晶。我们有义务、有责任守护民族瑰宝，传承历史文脉。

一　东巴象形文字的发展现状

东巴象形文字，世界上唯一"活着的象形文字"，居于云南省北部的少数民族纳西族所使用的一种具有表音和表意双重符号功能的图画象形文字。纳西语称其为"思究鲁究"，指"刻在木头和石头上的符号"。它被纳西族智者祭司东巴一直使用和书写到今天。世界上其他象形文字早已成为文物收藏在博物馆里，而东巴象形文字则以祭祀文书的形式被保存和流传下来。据《东巴经》记载，东巴象形文字是纳西族先人从天神那里学来的。曾经纳西族先民和其他民族的先人一起到天神住处学文学，纳西族先民学习时把文字刻在木头和石头上，其他民族的人们则把文字刻在动物皮子上。学成归来，途中大家肚子饿了，忍不住饥饿，把刻有文字的皮子煮着吃了，后来他们再也没有了文字。纳西族先民忍住饥饿，把木头、石头带回了家，于是纳西人才有了今天留存下来的东巴象形文字。到公元7世纪，零星的象形文字经过各地之间的传播，已形成一批记号图案。公元10世纪，经过东巴什罗的进一步规范，最终确立了统一固定的东巴象形文字体系。作为人类最早的象形文字之一，东巴象形文字记录了纳西族远古先民与大自然和谐相处的生活状况，传递着纳西族先民对精神信仰顶礼膜拜的敬意，是后人研究先民文明起源的重要资料。

随着社会不断发展，东巴象形文字在现实传播中受到了不同程度的阻碍。纳西族民众对东巴文化的熟悉程度和认知能力日趋下降，许多纳西族民众只会说纳西语，不会写东巴象形文字，还有部分民众几乎看不懂东巴象形文字。除了文字传播受限，东巴象形文字还面临着断代的现实。纳西族信仰的宗教为东巴教，祭司智者东巴是东巴象形文字的主要使用者和传承者，担负着传承东巴象形文字的艰巨任务。但这一群体如今面临着前所未有的挑战，在中国云南、西藏等纳西族生活的地区，大师级的东巴寥若晨星，不少地区还成为"东巴空白区"。反映纳西族民间生活的东巴古籍文献也正在消失。东巴象形文字在使用上也受到了极大的地域限制。即便是在丽江纳西族聚居地区，东巴象形文字的使用也不是很多。如今的东巴象形文字大部分用于商业，如店铺名称或东巴工艺品，它们用东巴象形文字增加其文化背景以吸引过往游客，而文字本身所具有的记事功能与说明作用相对减弱。

点茶、茶百戏的发展现状

点茶，一盏茶里的千年美学！点茶起源于唐，流行于宋。点茶的制作需要先通过"炙、碾、罗"等工序将茶饼制作成精细的茶粉，然后候汤、熁盏，最后点茶。

唐代陆羽的《茶经》中记载的"煮茶法"为宋代的"点茶法"

奠定了发展基础；后来宋代蔡襄的《茶录》为宋人记录了点茶形成的过程与技艺；到了北宋末年，北宋皇帝宋徽宗的《大观茶论》将点茶的技艺发展到了高超而细腻的境界。他在前人箸点法和匙点法的基础上创制了"七汤点茶法"。他将点茶流程分为多个步骤，分别是调如融胶、疏星皎月、珠玑磊落、粟文蟹眼、轻云渐生、浚霭凝雪、乳点勃然、稀稠得中、咀取英华等步骤。宋徽宗本人对点茶极其热爱，经常亲自注汤击拂，甚至分赐群臣。皇帝亲自动手点茶，将点好的茶分赏给群臣，对群臣而言，这是何等荣耀和光彩，从中可以看出点茶、斗茶之风在宋代的盛行。

点茶之所以被后人视为一种神乎其神的技艺，除了它所具备的高雅的技法和精致的点制过程，还在于它在宋人创作和演绎中延伸出了一项极为优雅的技艺——分茶。分茶这一技艺形式又被称为"茶百戏""水丹青""汤戏"，它是在点茶追求茶汤文脉奇妙图案过程中逐渐形成的。它的绝妙之处在于可以在点茶汤面的泡沫上创作出书画等内容，可谓神乎其技，它是一种高超和高雅的点茶技艺。茶百戏的技艺形式有乳花别物、别以花草、注水勾画、镂纸贴盏、糁纸贴盏、糁茶去纸、下汤运匕、注汤作字、注汤幻茶、焕如积雪、叠沫成画、云脚渐开、动盏幻画、画动幻灭、光影成画、投影成画、汤面作画、汤面写字等。比如有技艺，茶汤点沫做"纸"，茶粉调膏做"墨"，茶匙沾"墨"做"笔"，整个画面由茶和水结合而成，是观赏与品饮兼备的茶文化艺术。

宋徽宗在位期间，他和朝内大臣、文人墨客都十分推崇茶艺，同时也将茶百戏推崇到了极致。今天我们耳熟能详的名人如苏轼、陆游、杨万里、李清照等都是点茶的忠实爱好者。这些文人骚客为我们留下了许多宝贵的有关茶百戏的诗文。一时间，茶百戏在宋朝成为一种被人们追捧的社会风潮。宋代点茶文化的兴起和繁盛与宋徽宗及文人墨客的推崇是分不开的，它既是宋代繁盛文化的有机组成部分，同时也是中国茶艺的一大高峰，书写了中华文化的光辉篇章。

南宋开庆年间，日本南浦绍明禅师来到中国求学取经，回国时将宋代点茶用具带回了日本，积极在日本传播宋代点茶。点茶文化于是遥播海外，在日本独成一脉。在安土桃山时代，商人出身并酷爱茶道的千利休大师在点茶的基础上创立了以"和、敬、清、寂"为清规的"草庵茶道"，这为后来的日本茶道奠定了基础，他被称为日本茶道的"鼻祖"和集大成者。千利休大师去世以后，他的后辈们继承了他的茶道体系并在此基础上植入不同的新内涵，形成了表千家、里千家、武者小路千家、远州流、石州流、松尾流、庸轩流、不昧流等流派。这些流派以千利休体系为基础，以千利休的茶道核心思想为指导根基。各个流派的茶道风格在发展中有不同展现，点茶动作也有所不同，但各流派的茶道基本理念均为千利休所提出的 "和、敬、清、寂"。日本茶道发扬并深化了点茶文化的涵养精神，影响着一代又一代的日本人。遗憾的是，在中国，点茶文化在宋末元初时开始衰落。元代的饮茶形式一改宋人的烦琐，变得简单起来。元代除保留之前的茶饼作为贡茶的形式外，民间开始大量生产散茶，散茶的普及正好推动了饮茶方式的简易化、清新化。在茶文化发展史中，有"唐煮宋点明清泡"的说法，但是留存在老百姓生活中更多的是明清泡茶的形式。明代泡茶法盛行后，点茶式微，在中华大地上鲜有人提及。

宋代点茶历史悠久，讲究茶汤乳白，茶筅击拂茶汤产生的泡沫要能"咬盏不散"，从而将饮茶上升为一门艺术。在漫长的中华饮茶史上，点茶之姿翩若游龙，宛若惊鸿。点茶文化在中国茶文化发展史上有着不可取代的地位，我们不应该将它忘记，我们应该将其发扬光大，让点茶成为令世界尊敬的中华茶道！

近年来，随着人们对中国优秀传统文化传承的重视，曾经遗失千年的点茶文化正重新回到我们的视野中。在我国江南著名的鱼米之乡、美丽茶乡古润州江苏镇江，宋氏家族和全国茶人正在抢救濒临失传的点茶技艺。宋徽宗即位前，曾以平江、镇江军节度使的身份被封为端王，禅位后又来到镇江，对镇江的山、水、茶颇有感情。即位期间他在镇江传播点茶文化，宋氏家族曾受皇恩，家族成员立愿守护中华文明，一脉相传至今。宋联可是宋宗点茶第二十代传承人，她在《大观茶论》"致清导和"的茶道思想基础上撰写了《宋代点茶传承体系》，积极传承和弘扬宋代点茶技艺与文化。传承体系课程以宋徽宗《大观茶论》为核心，借鉴古代君子六艺形成六商教育体系，提倡以茶修身。传承体系设置了纯白、青白、灰白、黄白四个等级，通过这四个等级来掌握茶史、宋茶、渊源、传承、致清、导和、两仪末茶、三才茶席、四象茶器、七汤点茶法、八卦茶百戏、十式点茶流程等内容。通过课程体系让我们一睹中华点茶道的内涵与清美，更让我们体会到《大观茶论》中的"致清导和"的伟大精神。宋联可提出"让点茶成为令世界尊敬的中华茶道"的传承使命，带领团队不遗余力地推广中华茶文化，希望大家一起努力实现点茶复兴。

三　茶百戏助力东巴象形文字传承的具体形式

本书用茶百戏中乳花别物、别以花草、注水勾画、镂纸贴盏、糁纸贴盏、糁茶去纸、下汤运匕、注汤作字、注汤幻茶、焕如积雪、叠沫成画、云脚渐开、动盏幻画、画动幻灭、光影成画、投影成画、汤面作画、汤面写字等技艺形式来演绎和呈现东巴象形文字典籍，如纳西族"三大史诗"——创世史诗《崇般图》（又名《创世纪》）、爱情史诗《鲁般鲁饶》和部落战争史诗《东埃术埃》（又名《黑白战争》），东巴古籍中人与自然和谐相处的代表作《神鹏与署》，纳西族古代社会百科全书《东巴经》，以及纳西谚语《科空》等纳西族代表性古籍，希望用这种形式让后人在建盏所盛的乳白色的高雅的茶汤中欣赏和领略东巴象形文字的历史风采。

四 以茶百戏助力东巴象形文字传承的社会意义

茶是中国特色的饮品，茶文化是我国传统文化中的精髓，茶能够以物质形式传承我国数千年的精神，它对我们的情操、审美、心性培养和人格塑造都能够起到重要作用。文字是民族文化的集中体现，可以通过文字的学习来掌握民族文化，传承民族精神。

（一）以茶育德

茶是中国的传统饮品，茶文化是中国传统文化的重要组成部分，它传承了数千年的茶道和茶艺文化与精神，对我们的审美品质、心性培养和人格塑造都能起到重要作用。

宋徽宗在《大观茶论》中写道："祛襟涤滞，致清导和，则非庸人孺子可得而知矣。"其中，"致清导和"四个字就是对中国茶道基本内涵精神的准确和高度概括，它揭示了中国茶道应有的"致清"与"导和"的核心特征。在"致清导和"四个字中，"清"与"和"是核心。"清"解释为清净、清洁，清雅、清美，清明、清心的三种境界。

清净，指茶室环境安静，不能有人打扰。在这种清净、雅致的氛围下点茶、品茶，才更能感受到茶的香气与韵味。清洁，指茶室、茶席、茶器、水、茶、茶人都要洁净无尘，不要被外界的尘埃影响。

清雅，指茶室要保持清雅。古代的文人墨客都追求"雅致"，喜欢做"雅事"，而点茶与挂画、插花、焚香并称为"四雅"，所以，"清雅"也就成了文人雅士们品茶时所追求的标准和境界。清美，美是人类追求的至高境界，各种艺术可能难有统一的美的标准，但美却是人们所追求的共同目标，点茶同样也追求境界和氛围的美好。

清明，指在修习点茶过程中，学习茶与国学，用心感悟，学明先贤智慧，看明时间道理。清心，指通过点茶、品茶来静心凝神，修身养性，去除心中杂念，远离无谓苦恼，陶冶自己的情操，于慢斟细品中收获一份清心的快乐。

"和"为儒、释、道共通的哲学理念，茶道精神中追求的"和"指的是世间万物中由阴阳协调的"和"，只有阴阳调和，才有利于万物生长。在点茶精神中，"和"代表三个境界：和口、和乐，和睦、和平，和善、和合。

和口，指点出来的茶首先要健康、可口。如果仅仅为了追求丰厚沫饽而损失了茶的天然清味，那就本末倒置了。和乐，"乐"代表着各类艺术，即伴随在点茶过程中出现的挂画、焚香、插花等雅事，这些情景与点茶一起营造了高雅的艺术氛围。

和睦，指通过点茶、品茶的行为改变心性，与周围的人建立起和睦、融洽的关系。和平，指茶人彼此之间同真、共静，在一种和平、融洽的氛围中相处、品饮。

和善，指每个人都要追求一种善念，点茶之人更应该通过学习各种点茶知识将善念根植于内心，让自己心怀善意，博爱众生。和合，指真正的点茶人，在点茶过程中将自己的情绪、心念与茶融为一体，做到"茶人合一"。

点茶是一门技艺，承载着中华优秀传统文化。通过对这一技艺的学习与练习，我们将茶作为沟通自然与心灵的灵草，在点茶生活中融入民族情怀、人文思想、哲理趣事，并通过点茶和品茗的实践形式等来修身养性、陶冶情操，以实现自然与人文的高度契合，追求"天人合一"的理想境界与和谐心境，得到精神上的享受与人格上的洗礼。这就是点茶精神"致清导和"的最高境界和真正内涵。

（二）以字育人

东巴象形文字，是祭司东巴用一种纳西语叫"梦奔"的青竹竿作笔，沾上墨汁写在以植物堯花为原料制作出来的东巴纸上的一种文字，文字写完后会涂饰上矿物质原料制成的鲜艳的色彩以追求美观。人们书写东巴象形文字时习惯从左至右，以方格为基础，把内容放到框格中。每一个方框格子的格线都是平直的，祭司东巴在书写的时候用尺子规划好，格子的纵向距离大致相等，横向的长度根据内容而长短不一。这些文字以一字似一物、一字似一意的形式来表现其内涵。东巴象形文字似画非画，似字非字，字中有画，画中有字，字画浑然成一体。不仅如此，在古老的文字中还能看到线性运动美、形态重复美、象形对比美等。在东巴象形文字中，纳西先民通过"线"来表达对事物和世界的认识并抒发一定的情感，"线条"经过纳西先民的审美构形后便形成一定的线性运动美。万事万物都处在相对的运动中，人们可以从物体的运动过程中感受到一种运动之美，如日出日落、风起云涌以及人类的各种行为动作等。纳西先民正是观察了自然界中万事万物的运动规律，才创造出具有线性运动美的东巴象形文字。重复美也是象形文字的一个特点，纳西先民为了描述如植物的叶子、动物的羽毛等具有重复性质的物象，往往用重复的形式来构建东巴象形文字。这些文字符号通过形态结构中线条笔画的重复，达到了一种形态连续的动态的重复美。东巴象形文字中还可以看到许多蕴含构成要素对比美的符号，它们通过线条的长短曲直、字体结构比例的大小等的对比，形成了文字符号在构成上的大与小、长与短、动与静。

学习、书写这些古老的文字，可以让我们感受到图画表意的原始之美、直观构图的形象之美和图文一体的意境之美。通过书写东巴象形文字可以陶冶情操并提高审美水平，同时还可以通过一笔一画的练习进行心灵的修持。学习文字书法艺术，可以让我们得到道

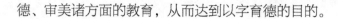

德、审美诸方面的教育，从而达到以字育德的目的。

五　结语

用茶百戏"汤面写字"的高雅形式来推动东巴象形文字的发展，实现"各美其美，美人之美，美美与共，天下大同"的美好夙愿。两种优秀的民族文化，通过相互包容、相互促进，展现了一个多彩多元的世界。在文化交流与融合中，尊重差异，理解个性，和睦相处，共同促成中华文化的大团结，共同促成中华文化的繁荣昌盛。让点茶成为令世界尊敬的中华茶道！让东巴象形文字成为令世界敬仰的中华文字！

东巴象形文字

点茶图录

第二部分

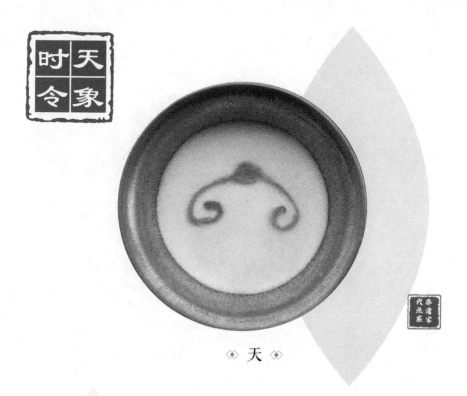

◈ 天 ◈

◈ 天摇 ◈

◈ 太阳 ◈

◈ 月亮 ◈

◈ 阴天 ◈

◈ 明 ◈

◈ 阳光 ◈

◈ 日晕 ◈

◈ 乌云 ◈

◈ 黑霜 ◈

◈ 繁星 ◈

◈ 雾 ◈

◈ 旋风 ◈

◈ 雪山 ◈

◈ 白雪 ◈

◈ 雪花 ◈

◈ 暴雪 ◈

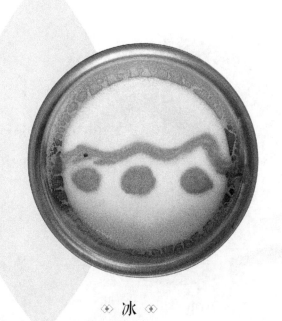

◈ 冰 ◈

◈ 光 ◈

◈ 闪电 ◈

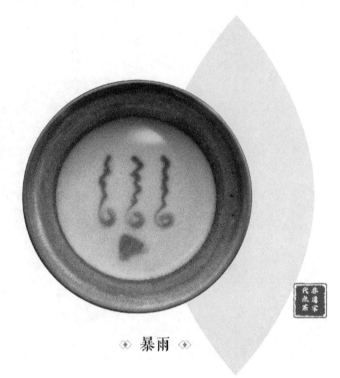

◈ 暴雨 ◈

◈ 山洪 ◈

◈ 洪水 ◈

◈ 时间 ◈

◈ 早晨 ◈

◈ 正午 ◈

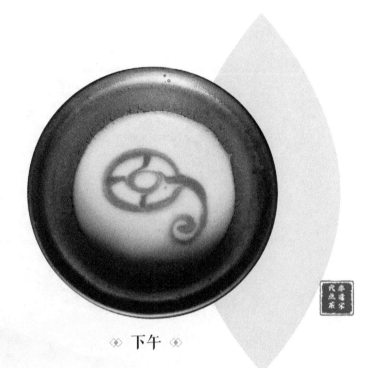

◈ 下午 ◈

◈ 半夜 ◈

◈ 今天 ◈

◈ 明天 ◈

❖ 后天 ❖

❖ 春 ❖

◈ 夏 ◈

◈ 秋 ◈

◈ 冬 ◈

方位地理

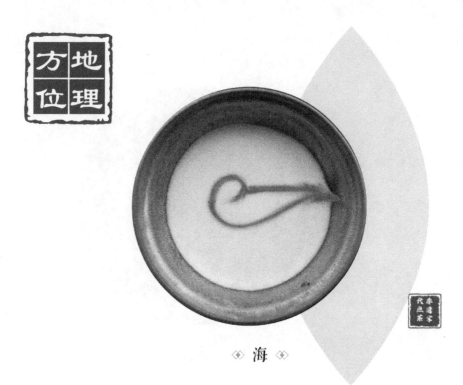

◈ 海 ◈

◈ 大海 ◈

◈ 水潭 ◈

◈ 污水 ◈

◈ 沟 ◈

◈ 渡口 ◈

◈ 谷、山洞 ◈

◈ 瀑布 ◈

"地上"端坐一皇帝。

◈ 皇家之地 ◈

◈ 世界 ◈

◈ 开天 ◈

◈ 天下 ◈

◈ 天地融合 ◈

◈ 秧田 ◈

◈ 泥巴 ◈

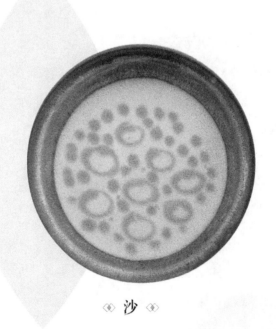

◈ 沙 ◈

◈ 尘 ◈

◈ 扬尘 ◈

❖ 内 ❖

❖ 外 ❖

◈ 前 ◈

◈ 后 ◈

◈ 东方 ◈

◈ 日落方 ◈

◈ 山脚 ◈

◈ 上 ◈

◈ 左 ◈

◈ 右 ◈

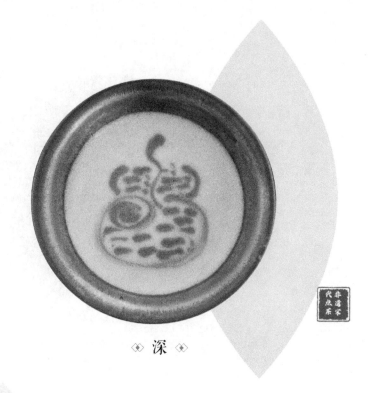

◈ 深 ◈

◈ 中间 ◈

◈ 平 ◈

◈ 低 ◈

◈ 阳 ◈

◈ 正 ◈

◈ 岔路口 ◈

◈ 地下 ◈

◈ 树林 ◈

◈ 芭蕉树 ◈

◈ 白桦树 ◈

◈ 白杨 ◈

◈ 大麦 ◈

◈ 毒物 ◈

◈ 风吹落叶 ◈

◈ 满山树 ◈

◈ 树根 ◈

◈ 藤 ◈

◈ 芽 ◈

◈ 蘑菇 ◈

❖ 茅草 ❖

❖ 仙人掌 ❖

◈ 蒿草 ◈

◈ 虫子 ◈

鸡啄食米的状态。

◈ 啄米 ◈

◈ 孵蛋 ◈

◈ 布谷鸟 ◈

◈ 喜鹊 ◈

◈ 岩蜂 ◈

◈ 狗 ◈

◈ 飞蛇 ◈

◈ 三头蛇 ◈

◈ 贝壳 ◈

◈ 爪 ◈

◈ 翅膀 ◈

◈ 毛 ◈

器身体官

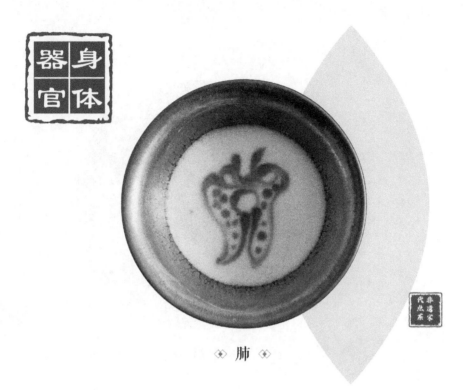

◈ 肺 ◈

◈ 胃 ◈

◈ 肝 ◈

◈ 胆 ◈

◈ 舌头 ◈

◈ 肠子 ◈

◈ 血 ◈

◈ 骨 ◈

◈ 肋骨 ◈

◈ 耳朵 ◈

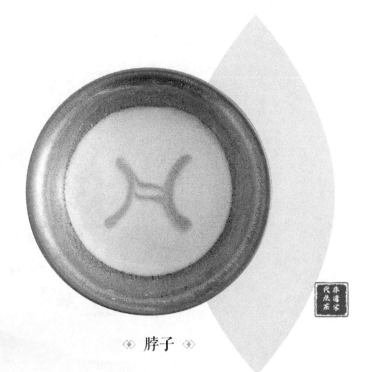

◈ 脖子 ◈

◈ 牙齿 ◈

人称
称谓

◈ 男 ◈

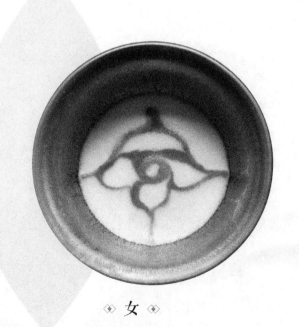

◈ 女 ◈

◈ 父族 ◈

◈ 母族 ◈

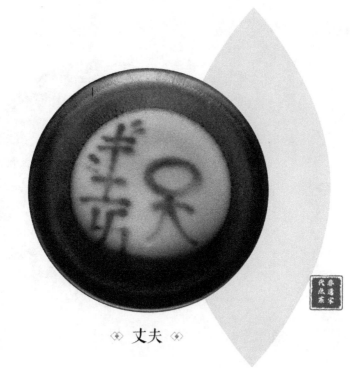

◈ 丈夫 ◈

◈ 妻子 ◈

◈ 姐姐 ◈

◈ 孩子 ◈

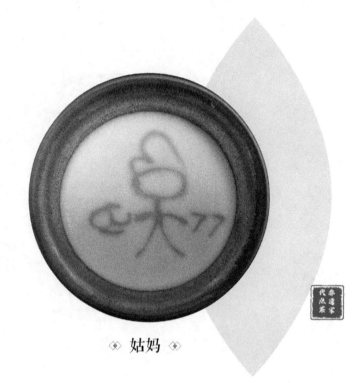

◈ 姑妈 ◈

◈ 大姨 ◈

◈ 侄女 ◈

◈ 我 ◈

◈ 我们 ◈

◈ 你 ◈

❈ 你们 ❈

❈ 他 ❈

❖ 他们 ❖

❖ 外人 ❖

◈ 知心朋友 ◈

◈ 敬 ◈

◈ 招魂 ◈

◈ 灵魂 ◈

◈ 招 ◈

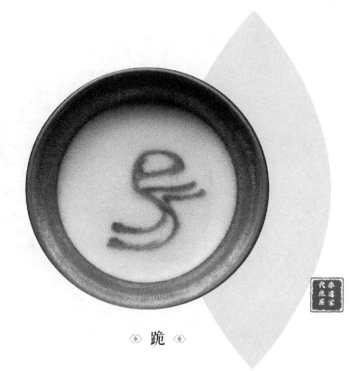

◈ 跪 ◈

◈ 远古 ◈

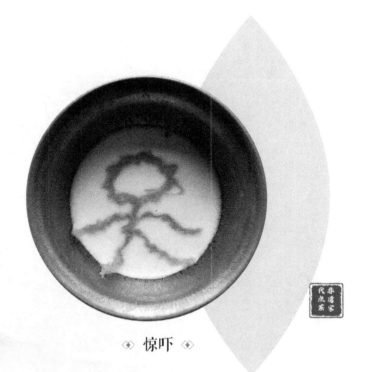

◈ 惊吓 ◈

◈ 活 ◈

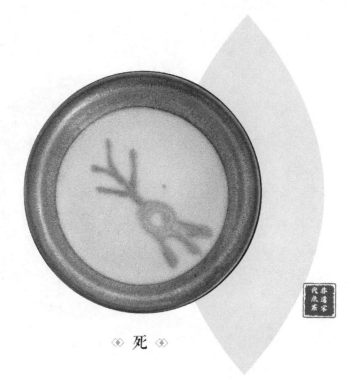

◈ 死 ◈

◈ 埋葬 ◈

❖ 敲鼓 ❖

❖ 手鼓 ❖

海螺是一种
东巴法器。

◈ 吹海螺号 ◈

◈ 铜板铃 ◈

◈ 碰铃 ◈

◈ 点神灯 ◈

◈ 祖先 ◈

◈ 贡品 ◈

碗内有两个海贝，
可以用来占卜。

◈ 贝卜 ◈

◈ 凶鬼 ◈

◈ 飞鬼 ◈

◈ 吊死鬼 ◈

◈ 水鬼 ◈

◈ 庙 ◈

◈ 神房 ◈

◈ 祝福 ◈

❖ 东巴舞 ❖

❖ 神石 ❖

◈ 宝伞 ◈

◈ 宝物 ◈

八宝之一，有镇
火鬼的神力。

◈ 双鱼 ◈

黑白两族
的交界地，阴
阳交界之处。

◈ 黑白世界 ◈

董部族首领，黑
白战争中白方之王。

◈ 董 ◈

◈ 巫师 ◈

◈ 缠结 ◈

◈ 解结 ◈

◈ 搓绳 ◈

搓麻绳的
"搓"，可借
用为"平安"
之意。

◈ 搓 ◈

❖ 勇士帽 ❖

❖ 纺线 ❖

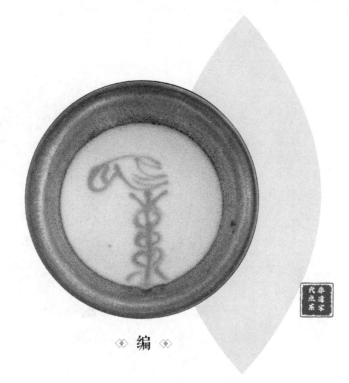

◈ 编 ◈

◈ 缝衣服 ◈

◈ 耳坠 ◈

皮囊外形，短
线为皮毛。

◈ 皮囊 ◈

◈ 网 ◈

◈ 串珠 ◈

◈ 裙 ◈

◈ 锥子 ◈

◈ 刺穿 ◈

◈ 火 ◈

◈ 灭火 ◈

◈ 炙 ◈

◈ 烤火 ◈

◈ 举火 ◈

◈ 煮 ◈

◈ 沸 ◈

◈ 溢 ◈

秤砣，可借作"好""丰华"等意。

◈ 秤砣 ◈

◈ 秤 ◈

◈ 笊篱 ◈

◈ 捞 ◈

◈ 舀 ◈

◈ 咬 ◈

◈ 喝酒 ◈

◈ 饱 ◈

◈ 饿 ◈

◈ 缺粮 ◈

粮仓内粮
食满溢，小点
表示"多"，
上升曲线表示
不断增加。

◈ 富裕 ◈

◈ 量粮食 ◈

◈ 碓 ◈

◈ 筷篓 ◈

◈ 奶 ◈

◈ 挤奶 ◈

◈ 琵琶肉 ◈

◈ 发酵 ◈

◈ 瓢子 ◈

◈ 火镰 ◈

◈ 粮架 ◈

◈ 栅栏 ◈

◈ 铁栅栏 ◈

◈ 秋千 ◈

◈ 巢 ◈

❖ 树窝棚 ❖

❖ 关门 ❖

◈ 火烧房 ◈

◈ 楼房 ◈

◈ 柱子 ◈

◈ 楼梯 ◈

◈ 凳子 ◈

◈ 木桌 ◈

◈ 竹箱 ◈

◈ 院子 ◈

◈ 房倒 ◈

◈ 厨房 ◈

❈ 石寨 ❈

❈ 穷人的家 ❈

◈ 富人的家 ◈

◈ 土墙 ◈

❖ 铁索桥 ❖

❖ 锯 ❖

◈ 钻子 ◈

◈ 锁 ◈

◈ 唱歌 ◈

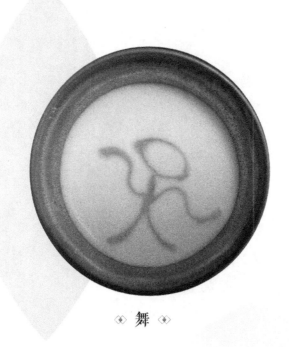

◈ 舞 ◈

◈ 吐掉 ◈

◈ 抱 ◈

◈ 孕 ◈

◈ 生孩子 ◈

◈ 吵架 ◈

◈ 买 ◈

◈ 卖 ◈

◈ 交易 ◈

◈ 念书 ◈

◈ 踩 ◈

◈ 支撑 ◈

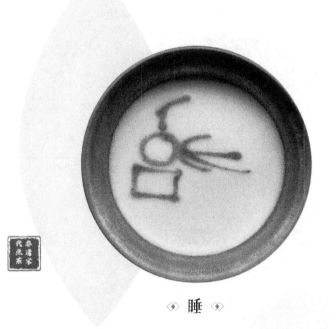

◈ 睡 ◈

◈ 梦 ◈

◈ 伴 ◈

可借作"超越""翻过"用。

◈ 溜索 ◈

◈ 顶 ◈

◈ 劈 ◈

◈ 挂 ◈

◈ 打铁 ◈

◈ 打鱼 ◈

◈ 搏杀 ◈

◈ 冲杀 ◈

❖ 马跃敌阵 ❖

❖ 射弩 ❖

◈ 凯旋 ◈

◈ 投石架 ◈

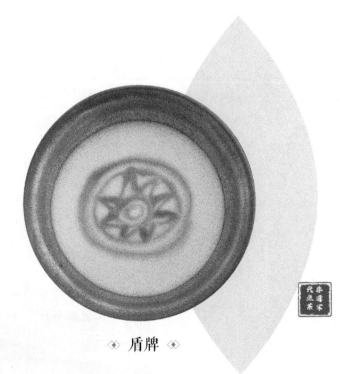

◈ 盾牌 ◈

兵器，有刺之闸。

◈ 刺闸 ◈

◈ 弓 ◈

◈ 箭 ◈

◈ 旗 ◈

◈ 寨旗 ◈

◈ 犁 ◈

◈ 镰刀 ◈

◈ 齿锄 ◈

◈ 簸箕 ◈

◈ 料槽 ◈

◈ 磨刀 ◈

◈ 纸张 ◈

◈ 轴画 ◈

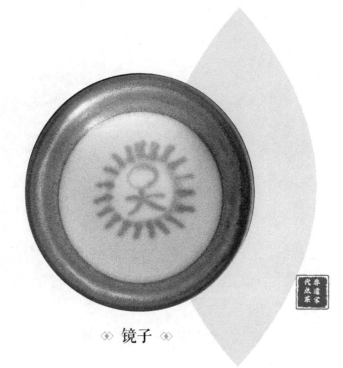

◈ 镜子 ◈

◈ 篦子 ◈

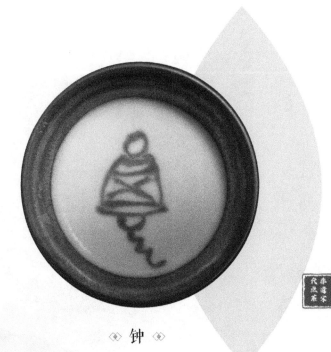

❖ 钟 ❖

❖ 口弦 ❖

◈ 金锭 ◈

◈ 银山 ◈

数量
词汇

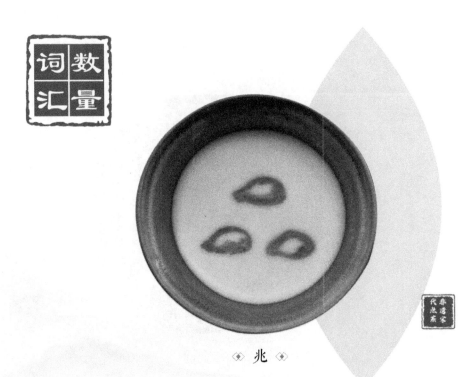

◈ 兆 ◈

◈ 亿 ◈

❖ 万 ❖

❖ 千 ❖

◈ 百 ◈

◈ 十 ◈

◈ 一 ◈

◈ 二 ◈

◈ 三 ◈

◈ 四 ◈

◈ 五 ◈

◈ 六 ◈

◈ 七 ◈

◈ 八 ◈

◈ 九 ◈

◈ 变化 ◈

◈ 产生 ◈

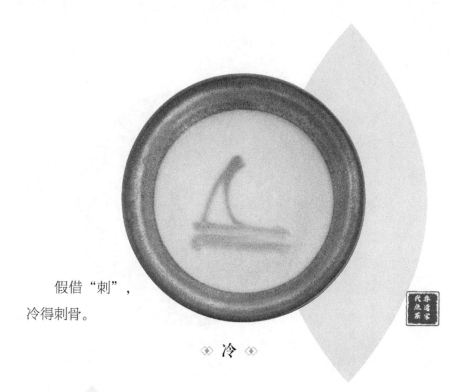

假借"刺"，
冷得刺骨。

◈ 冷 ◈

◈ 冷 ◈

◈ 膨胀 ◈

◈ 兴奋 ◈

◈ 热 ◈

◈ 热情高涨 ◈

◈ 快乐 ◈

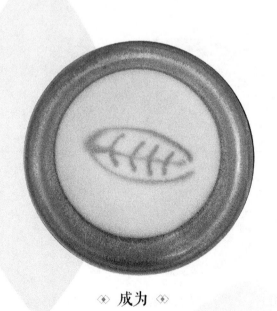

◈ 成为 ◈

◈ 抽 ◈

◈ 置 ◈

❖ 粗 ❖

❖ 细 ❖

◈ 大 ◈

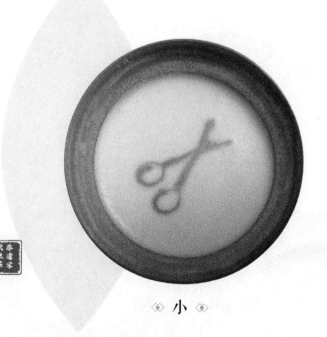

◈ 小 ◈

❖ 富人 ❖

❖ 乞丐 ❖

◈ 盲人 ◈

◈ 策划师 ◈

◈ 将领 ◈

◈ 盖 ◈

◈ 黑 ◈

本字为"火"，
假借为"红"。

◈ 红 ◈

◈ 杂色 ◈

◈ 靠 ◈

◈ 裂 ◈

◈ 连接 ◈

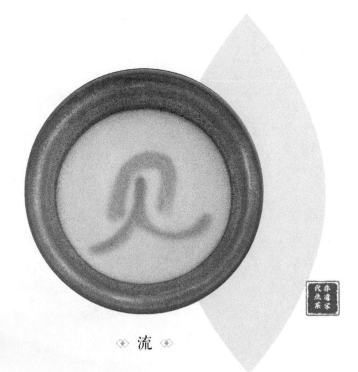

❖ 流 ❖

❖ 漏 ❖

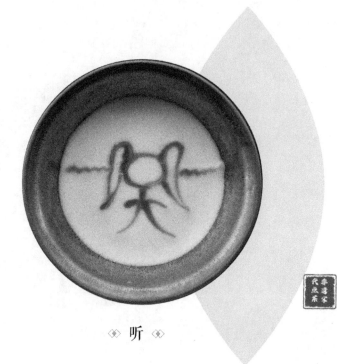

◈ 听 ◈

左边为"尾"
字，引申为"后"，
在最后打上结，表示
"完成"。

◈ 完成 ◈

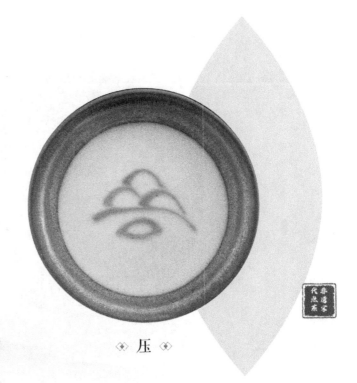

◈ 压 ◈

◈ 邀请 ◈

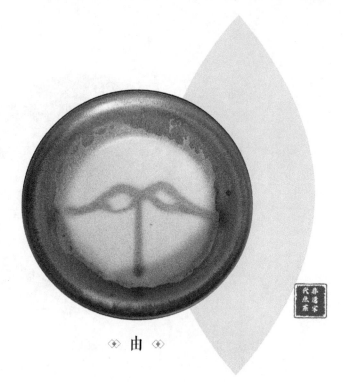

◈ 由 ◈

◈ 怎样 ◈

◈ 应该 ◈

◈ 新 ◈

◈ 么 ◈

◈ 又 ◈

◈ 与 ◈

◈ 是 ◈

◈ 这 ◈

◈ 来 ◈

◈ 去 ◈

◈ 起 ◈

◈ 走 ◈

◈ 回 ◈

◈ 降 ◈

◈ 气 ◈

◈ 折 ◈

◈ 矛折 ◈

◈ 胜利 ◈

借用"火"字。

◈ 明 ◈

借用"火"字。

◈ 民 ◈

◈ 法 ◈

◈ 治 ◈

画碗中有物
之形。

◈ 有 ◈

◈ 善 ◈

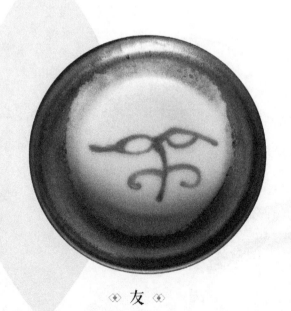

◈ 友 ◈

◈ 和 ◈

◈ 谐 ◈

◈ 公 ◈

◈ 诚 ◈

◈ 信 ◈

◈ 文 ◈

◈ 富 ◈

◈ 强 ◈

◈ 爱 ◈

◈ 国 ◈

◈ 自 ◈

◈ 主 ◈

◈ 业 ◈

附 录

师祖宋文光的遗作

相见欢·大喜日子

相亲相爱成家，
乐哈哈！
闹新房众亲友喜煞她。

天不拜，
地不拜，
哗哗哗？
两杯热茶赶快敬爹妈！

一九七四年五月

望江东·家严仙逝

回天乏力心欲碎，
裂胆摧肝雨泪。
病魔无情父长睡
永夜愁思人悴。

盛世初始何知味，
酸甜苦辣难慰。
且将悲哀收五内，
遗愿不成若退。

一九七七年五月

南乡子·茶论

闭门大观，
一览天下视野宽。
山南海北多瑰宝，
谁好？
当参其妙慢分晓。

一九八三年八月

南乡子

闭门大观，
一览天下视野宽。
山南海北多瑰宝，
谁好？
当参其妙慢分晓。

一九八三年八月

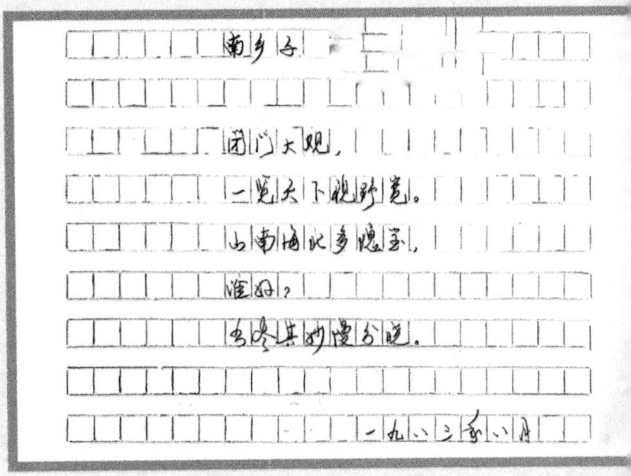

清江引·游中泠泉

水不盈杯人自满，
品茗此间善。
碧螺醉甘泉，
物境两缱绻。
古院清幽春意旋。

一九九〇年四月
江苏镇江

清江引 游中冷泉

水不盈杯人自满，
品茗此间善。
碧螺醉甘泉，
物境两缱绻。
古院清幽春意旋。

一九九〇年四月
江苏·镇江

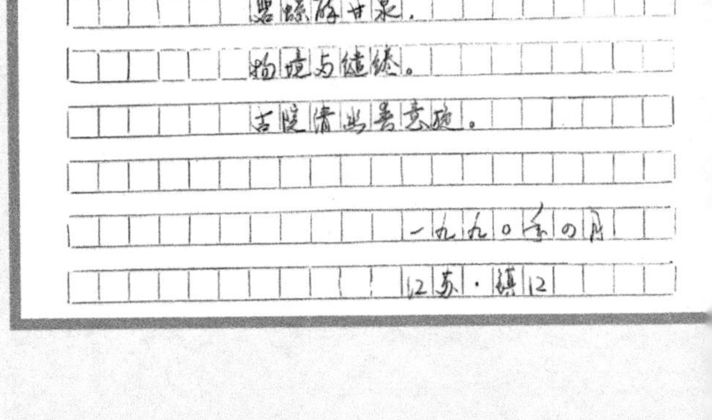

采莲子·五十自勉

半世艰辛感慨多，
厚望年少梦圆歌。
家严若问儿孙事，
当好后勤再拼搏。

一九九四年九月

潇湘神·退休日记

酒一壶，
茶一壶，
细品岁月人知足。
喜浴金风吹谢幕，
夕阳醉我观新屋。

二〇〇四年八月

清平乐·教学四十

花甲难老，　　　　　不经新正扬鞭，

六序人生早。　　　　杪春挥汗耕田，

若向三秋寻苦恼，　　季夏青丝挂果，

嘉平风光别样好。　　焉能品爱香甜！

二○○四年九月

师父宋联可的诗文

归兮

浸润诗书海

浑然半世飞

蒙师无所望

蕙质潜回归

丁酉年闰六月二十八

满庭芳·山林堂

炎夏乘风，寒冬藏雪，落拓四季无常。英才达士，高坐满庭芳。论道点茶抚曲，答客道，华夏泱泱。山林馆，文人墨客，可管窥朱方。　名扬，传九州，耆卿北里，逸少东床。米芾勤习字，莫笑癫狂。通判登楼遗恨，靖康耻，挂印重光。文人隐，文臣济世，文化复华强。

丁酉年八月十二

长相思·山水文心

古润州，美润州

山水文心爱未休

三千化曲悠

邂南山，隐南山

若问天堂居哪州

清心何必求

丁酉年十一月廿七

菩萨蛮·悼父

冰心一片谆谆诲，

清风两袖翩翩蜕。

生铁骨嶙峋，

勇敌千魅侵。

传子息正气，

坦荡仙游去。

驰念奔天国，

蕲求新快活。

仙逝日（戊戌年仲冬廿一）

菩萨蛮·不孝异乡送葬

林城飞雪织白缟

龙归冻雨封山道

天叹志霄元

地惜德不官

怀拥初化骨

素抱遗诗赋

奈不舍依依

旬浃安葬兮

安葬日（戊戌年腊月初一）

菩萨蛮·七七

无风无雨无冰雪

云迷雾锁藏正月

朝默坐高楼

凡尘万籁幽

着白衣守孝

茹素食悲悼

隐痛渡七七

此生承所遗

七七（己亥年正月初九）

跋

听说李瑜要出一本书，我就估计应该是关于点茶的，事情还真的是这样，始料未及的是这本书和东巴文化有关。她请我写跋，让我受宠若惊。

茶百戏是由点茶派生出来的一种高超且高雅的技艺，是主要以点茶为基础进行艺术创作的一种技艺。茶百戏的绝妙之处在于将点茶玩出异彩，如下汤运匕、乳花别物、别以花草、注水勾画、镂纸贴盏、糁纸贴盏、糁茶去纸、注汤作字、注汤幻茶、焕如积雪、叠沫成画、云脚渐开、动盏幻画、画动幻灭、光影成画、投影成画、汤面作画、汤面写字等。不论是南宋陆游笔下的"矮纸斜行闲作草，晴窗细乳戏分茶"，还是另一位诗人杨万里笔下的"纷如擘絮行太空，影落寒江能万变"，描写的都是宋朝流行的茶百戏。

东巴文，世界上唯一存活的象形文字，生活在云南省西北部的少数民族纳西族使用的一种具有表音和表意双重符号功能的图画象形文字。纳西语称其为"思究鲁究"，意为"刻在木头和石头上的符号"。世界上其他象形文字早已成为文物收藏在博物馆里，而东巴文则以祭祀文书的形式被保存和流传下来，被纳西族祭司东巴一直使用到今天。

传说中东巴始祖丁巴什罗造字时手握金鹿送来的竹笔，沐浴着兰鸟带来的灵感，手握粗糙的树皮，用刚启蒙得到的智慧，抬头观奎星圆曲之势，察龟文鸟迹之象，博采众美，合而为字。

东巴文是象形文字，字形主要是为了表达直观的内容，后来又被祭司东巴专用。为了得到神的启示，对神虔诚之至的祭司东巴在书写时当然会毕恭毕敬，并力求在书写时表现出各种意会的美感。纳西先民造字时，既注重自然界的造型美，也注重笔画的形态美。东巴文的创造过程是美的升华过程，采用大胆夸张的手法，追求气势的生动、细节的真实完善。独特唯美的造型和巧妙的构图形式，成为东巴文的精髓，给东巴文带来了古朴典雅的特殊韵味，成为反映生命的艺术宝藏。创作茶百戏的茶人也是用心打出一碗茶，然后静心端坐，手持画笔，沉浸在淡淡的茶香中，在雪白的沫饽上，一笔笔描摹出古老的象形文字。因茶汤是用来喝的，创作完成时仍应该使茶汤保持温度适口，适宜品饮。而茶汤表面的沫饽，可能会逐渐变得稀薄甚至消失，别有一番韵味。

普通中国传统书画大多用软笔，墨干成画。而东巴文是用硬笔书写，通常用的是竹笔。茶百戏用的画具往往也是比较硬的，比如茶匙、茶针、茶箸等，在比较软的沫饽茶汤上点茶，最终呈现的作品是墨润成画。传统的东巴文是写在东巴纸上的，东巴纸是由一种纳西族称为"构"（即荛花）的树皮为原料制作而成的，因其有微毒，能防虫蛀，故可保存上千年而不腐，而在沫饽茶汤上写的东巴文会在短时间内消失，这两种对比鲜明的艺术表现形式更让人有一种穿越时空之感。

近几年，宋学简直成了显学，关于宋朝题材的书籍层出不穷，有关宋朝茶文化的书籍也大有人写，我则觉得李瑜的这本《东巴象形文字新茶百戏字典》的独特之处有二：一是它是"动手"创作出来的。我的意思是，她的每一幅作品，都是她亲自一碗碗"点"出来的。二是李瑜作为来自茶区的新丽江人，从小被茶滋养，血液里流淌着"茶的基因"。她本着对第二家乡丽江的热爱，学习东巴文，并把茶文化与东巴文化融合，这一创新为我们打开了一个全新的视野。

作为云南省茶艺名师工作室的一员，李瑜是执行力很强的低调实力派，一直致力于推广茶文化，尤其是独具一格的宋代点茶文化。李瑜不辞辛劳，谆谆教诲，无论是五六岁的幼童，还是七八十岁的老者，都受益于她的茶文化课。眼看传统文化面临断代的危机，李瑜能够结合自己的专业和特长写成此书，也是为中华文化的传承和发扬光大做出了一份贡献。

和玉娘

云南省丽江市玉龙雪山脚下玉湖

壬寅年腊月廿七（2023年1月18日）